O CAMINHO PARA A LIBERDADE

Dividindo Dons...

Multiplicando Bençãos...

Reflexões em Cores

TETÊ AMO

Foi um prazer escrever este livro!
Espero que minhas pinturas e reflexões
lhe inspirem a despertar os seus sonhos,
descobrindo seus dons e presentes Divinos!
Por favor, se desejar, compartilhe seus pensamentos.
Obrigada!

Arte original e reflexões de Tetê AmO.

ISBN 978-1-7329038-2-1

Agradecimento

Em agradecimento pelo amor de Deus
e meus queridos pais,
Armindo de Oliveira
e Lídia David do Amaral.

Eternamente grata ao meu pai que adorava ler e muito me inspirou.
Muitas saudades!

E a minha mãe que me ensinou a acreditar que para Deus tudo é possível!

Dedico este livro a Deus que me guiou e tornou meu sonho possível.

Sou grata pelo apoio de amigos adoráveis por estarem comigo durante esta maravilhosa jornada, orando por mim e me ajudando a realizar o meu sonho! Vocês sempre estarão no meu coração! Um agradecimento especial a uma querida amiga Jeanne Cools que me inspirou a escrever e "deixar a luz de um sorriso e a alegria que vem do coração se manifestarem".

O CAMINHO PARA A LIBERDADE

Um livro para guardar no seu coração

Entre em um mundo de cores brilhantes, palavras encorajadoras e gentis para acariciar seu coração. Se envolva em beleza e charme para meditar e ser inspirado a seguir os seus sonhos!

Meditação

Quando entendermos que o propósito de Deus não depende do que podemos fazer, simplesmente aproveitamos a viagem.

Para mim, a razão para meditar é preencher minha mente, coração e espírito com o amor de Deus contemplando Sua palavra. Ele me ajudou a ver o caminho da luz e dar o primeiro passo, confiando, procurando discernimento espiritual e inspiração vindos de uma fonte ilimitada; para o Seu propósito.

Relaxar nos braços de Deus para viver o sonho perfeito que Ele planejou, é o caminho para a liberdade!

Espero que você encontre em cada página deste livro algo que toque o seu coração, desfrutando esse momento lentamente, refletindo, saboreando, explorando seus sentimentos, bebendo um chá aromático para relaxar, deixando que palavras que dão sentido as cores, acariciem seu coração!

Delicie-se com este mapa do tesouro levando você ao seu coração!
Lembre-se que tudo tem um propósito e está tudo traçado pelo amor de Deus!
Anote seus pensamentos. Expresse seus sentimentos. Estamos equipados para prosperar!

Acredite Sempre

A vida apresenta-se com infinitas possibilidades. Espera pacientemente para transformá-lo. Você vai se surpreender ao ver um novo caminho que sempre esteve tão perto, mas você nunca se atreveu a dar uma chance a você mesmo. É o caminho no qual você se depara com seus dons e talentos com uma visão clara e ampla, e certamente irá encontrar o que você tem procurado; o que sempre esteve em seu coração!

Presentes Divinos e talentos, têm o propósito de transmitir a luz e o amor de Deus e compartilhar Sua bondade e bênçãos. Seguindo nossos sonhos, viveremos uma jornada fantástica com um propósito digno, que certamente será uma surpresa emocionante ao abrimos nossos corações a Deus!

A luz Divina mostrará o caminho!

O que você gostaria de apresentar à vida
para compartilhar seus talentos?

Virando as páginas...
abrindo um presente...
encontrando tesouros escondidos no coração.

Apreciando a Graça de Deus

Esta rosa orgulhosa de sua beleza
era o centro das atenções no jardim.
Muitos estavam lá tirando fotos,
impressionados com cinco gotas de
orvalho embelezando suas pétalas.
Foi maravilhoso ver que tal presente
não foi ignorado.

Tão simples,
tão adorável,
tão comovente.

Tenho um sentimento de gratidão pelas pequenas coisas que acalmam o coração. Me fascino pelo que ativa a minha imaginação.
Sou grata porque posso cercar-me de beleza,
estimulando a minha criatividade.
Escolho sempre o que me leva a um caminho inspirador.

Manifestação Do Amor

Manifesto amor através das
minhas pinturas. Elas são
tanto uma parte de mim
como uma gota de orvalho
refletindo um mundo
colorido. O que oferecemos
não precisa ser perfeito.
Irá encontrar
a combinação perfeita.
Não precisa esperar;
o tempo certo é agora!

Mostre sua beleza ao mundo!

Uma nota: a vida é muito rápida! A única maneira de ganhar esta corrida é diminuir o ritmo, pintando o caminho ao seu redor.
Na quietude, você encontrará um presente que virá como uma luz brilhante, levando você a uma viagem para iluminar o mundo!

Ponto de Vista

A Alfazema ☆ A Abelha ☆ O vento

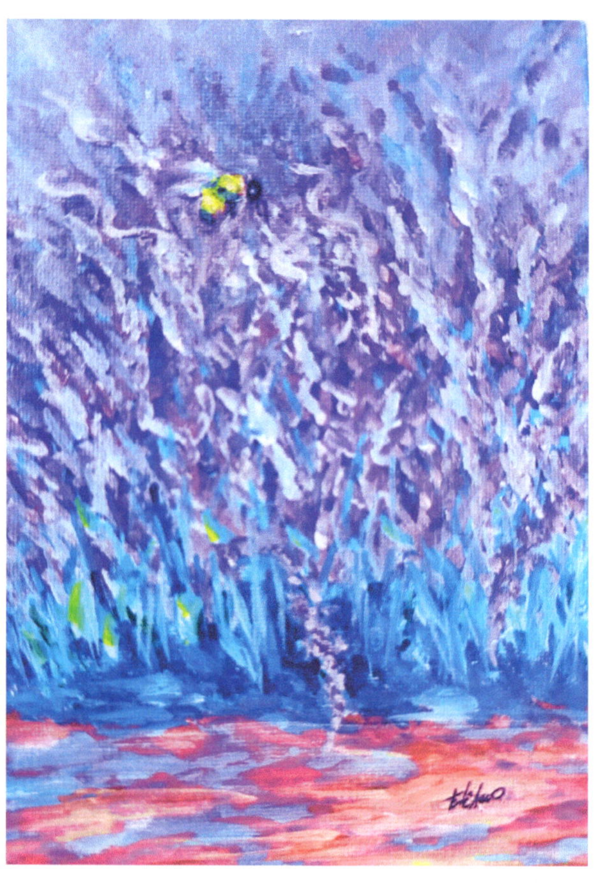

A lavanda

Eu sinto um toque delicado...
Me faz balançar!
Eu ouço uma canção...
Me faz dançar!
Quanto mais eu danço,
mais ouço esta canção alegre
Eu me estico para beijar o sol
exibindo minhas lindas cores.
Eu tenho muitos visitantes
cantando para mim...
me beijando...
me dizendo como eu sou doce!
Eu sinto uma brisa fresca
espalhando para longe
uma fragrância doce de amor...
tão refrescante...
tão calmante!

A Abelha

Que perfume maravilhoso!
Eu quero viver para sempre neste paraíso lilás!
Isso me faz cantar!
Vou mergulhar nesta doce promessa celestial
Sinto um impulso suave ao meu redor
querendo brincar. . .

O Vento

Estou me divertindo muito!
Eu dou piruetas em torno desta
beleza lilás dançante
É um jogo de esconde- esconde.
Levo comigo um perfume intenso...

Ouço uma canção persistente,
a qual eu sigo,
tentando decifrar sua mensagem
Ou será que é a canção que está
me perseguindo?

Colhendo

Amor

Compartilhando

Gratidão

Primeiro você precisa saber sobre o que você quer plantar. Você tem sementes boas para cultivar? Você irá semeá-las? Seu coração está preparado para deixá-las crescer? Você irá compartilhar? As sementes precisam de luz intensa e nutrientes essenciais para prosperar. O trabalho é intenso, mas o prêmio é magnífico!

Você verá a luz de Deus brilhar
através de você!

Brotando Com A Graça de Deus

Acredite que seu presente é lindo e tem um
propósito! A criatividade é um presente especial
use-a livremente - inove, expanda!
Não se permita analisar muito ao ponto de não
pode experimentar a beleza em todas as coisas.
Quando você pensa muito, não aproveita a alegria
que pequenas bênçãos lhe trazem!

Há sempre algo a ser apreciado ao seu redor!
Alinhe suas intenções com a vontade perfeita e sábia de Deus!
Liberte-se deixando o amor fluir naturalmente
Veja o amor de Deus desabrochar abundantemente
Abrace a serenidade do florescimento em Sua presença

Beleza Deslumbrante!

Procurando sabedoria, me encontrei. Encontrei um mundo infinito dentro de mim que havia sido ignorado, coisas significativas que eu não poderia encontrar em lugar nenhum. O vazio do mundo, me fez olhar para dentro de mim mesma. Encontrei a Luz que me levou muito além dos meus sonhos!

O que você está procurando está ao seu alcance. Está em você! Você foi criado completo para o propósito de Deus. Nada pode dar-lhe incomensuravelmente mais do que Aquele que está em você, que está sempre ao seu lado e sempre a seu favor!

Uma vez encontrado este tesouro, nada lhe faltará!

Despertar

Existe tal expectativa para ver o
botão de rosa revelar sua essência,
transformando-se para ser o centro
de atenções no jardim
Seu lento desabrochar
é uma dança cativante
Foi projetada com muita perfeição para ser bela
Exibe o majestoso milagre da criação
As rosas despertam sonhos...
uma pétala de cada vez
Amor radiante, um esplendor de arte e fragrância
Bondade Divina de tirar o fôlego!

Com fé, o amor de Deus
fará você voar alto
no Seu plano perfeito.

Deus cumprirá Seu propósito na sua vida! Ele o abençoou com dons que iluminarão o caminho. Você viajará para campos desconhecidos, para ver o trabalho de Suas mãos, orquestrando uma poderosa sinfonia de amor para você!

Esprema cada gota de possibilidades
extraordinárias deste momento
na presença de Deus!
Compartilhe Seu toque gentil com o mundo!

Silencie o seu coração para ouvir
a voz suave de Deus que irá
sempre guiá-lo em Sua direção.
Alegre-se na presença do Criador!
Emocionante!

Um Parque de Tesouros Escondidos

Cerque-se com o que faça você esquecer todos os pensamentos indesejáveis.
Sempre encontramos alegria quando prestamos atenção aos pequenos detalhes que Deus nos oferece!

Me dá prazer observar a natureza que me ensina a florescer, a brincar, e como fazer o dia ficar mais leve. Vejo golfinhos pulando de alegria, sempre sorrindo! Quem lhes ensina a direção? Esquilos se divertem, cheios de energia, também a procura de tesouros. O perfume do jasmim me surpreende como um presente inesperado, que vem a mim dizendo: "surpresa!"
São pequenas notas de amor da natureza que vão guiando o caminho ao tesouro!

Dança Colorida

Gotas de chuva reluzentes
refletindo todas as cores.
É como uma canção para o coração!
Um convite para ser criativo e autêntico!
Você é uma cor primária criada para trazer ao
mundo uma variedade de cores
muito significativas.

Você faz parte da magnífica obra de arte bordada por Deus!
Hora de cantar uma nova canção!

As palavras dão o sentimento às cores, cores falam ao coração.
Seja qual for a maneira que você escolher para se expressar, faça com que traga
luz, que acalme, que seja uma mensagem feliz, que faça dar uma risada
ou que seja um grito de amor!

Meu desejo, é que minhas pinturas o levem para um mundo privado
e colorido onde tudo é possível!

Sonhos

Onde estão os meus sonhos?

Eu gostaria de saber como alcançá-los

*Eu me pergunto se é possível
que eles me alcancem...*

*Eu só me pergunto. . .
não há muito a fazer. . .*

Eu sinto que a minha única saída é mergulhar neles. . . e confiar

Envolvo os desejos do meu coração em luz

Vejo minha vida em um livro imaginário, contendo um número infinito de páginas, preenchidas de amor intenso e revigorante

Eu nunca estou sozinha

Um dia meus sonhos estarão conectados com a realidade, naturalmente.

Amor Intenso

Às vezes, é difícil definir o amor.
É fácil amar a borboleta!
A lagarta come as folhas dos
meus gloriosos gerânios, mas eu
amo a lagarta em transformação,
e os gerânios feridos. Essa é a dor
natural da transformação!
Logo a borboleta estará voando e
polinizando cores pelo mundo.
Os gerânios sobreviverão e
florescerão novamente! O processo
de embelezamento pode ser um
pouco desanimador,
mas ame a lagarta!

Eu sou uma sonhadora!

Demasiado entusiasmo é difícil de controlar!

Eu amo ler, escrever, pintar e viajar, mas
minha paixão é meditar sobre a única razão
pela qual todas as coisas acontecem;
o poder que sustenta a vida, ama
incondicionalmente
e me dá discernimento espiritual;
o Deus de todos!

Brilhando No Jardim

Os jardins são encantadores,
cheios de surpresas!
Há sempre algo que atrai os
nossos olhos de uma forma
especial. Sempre nos
chamando para oferecer um
dom de ternura e beleza. Está
lá esperando por nós para
que notemos a sua presença!

Minha maneira de receber este
presente, e de o valorizar, é
expressar na tela a alegria de
momentos especiais.

Há algo especial chamando por você.
Fará o seu coração cantar!

Esteja atento para receber presentes e valorizá-los!

No Limiar da Glória

Olhando para as montanhas magníficas, eu posso sentir um amor profundo invadindo meu coração, me envolvendo. Estou no limiar, no estado de antecipação. Não quero perder o espetáculo e a transformação que se passa nesse processo, no qual experimento a poderosa presença de Deus. Sua luz me ergue para senti-Lo e confiar. É um momento de descobrimento. É hora de me aprofundar neste campo de conexão intensa com a fonte Divina. Eu quero estar ciente de que estou vivendo um momento supernatural, enquanto estou no limiar. Sem o processo, não há resultado. O processo é muito mais poderoso do que a vitória. A vitória é um momento de celebração, o processo é um momento para experimentar a glória de Deus!

Inspiração

Tudo que você precisa para se inspirar é conectar-se a Deus e usar seus cinco sentidos!

Coração De Uma Criança

Com um coração apaixonado, a minha criança interior quer brincar! Esguichando a tinta e fazendo meus pincéis dançarem, meus sonhos vão tomando forma. A tela branca é o palco que exibe um novo espetáculo tomando vida, colorido como o arco-íris. Opções infinitas refletem alegria e beleza, como um caleidoscópio. Me inspiro na autenticidade e liberdade que residem no coração de uma criança.

Com entusiasmo eu cultivo a beleza. Neste caminho eu encontro a realização. Uma conquista preciosa!

Pinte seus sonhos com cores vivas para que brilhem no palco da realidade!

COMPARTILHANDO PRESENTES...

MULTIPLICANDO BÊNÇÃOS...

Um sorriso que minhas pinturas vibrantes e palavras edificantes tragam para o seu rosto, não tem preço!

Eu pinto com o coração, com o desejo de multiplicar as bênçãos que tenho recebido! Eu fui inspirada a ver o que já existia no meu coração, uma promessa de Deus esperando para ser descoberta. Pintar e escrever são sonhos que agora vejo desabrochar. São bênçãos a serem compartilhadas, demonstrando gratidão ao Doador.

A satisfação só vem quando a luz que recebemos é multiplicada! A razão para criar é compartilhar! Assim encontramos o amor!

Mostre Suas Cores!

Nós todos admiramos plantas bonitas, e flores brotando
em uma variedade intensa de cores e de fragrâncias
Beleza inspiradora que nossos corações podem ver,
estimulando nossos sentidos.
É interessante saber que precisamos de solo fértil para este complexo
milagroso acontecer criando uma obra de arte única!

Deixe seus presentes Divinos florescerem! Você já tem todos os nutrientes que precisa.

Deus gravou em nós muitos dons e talentos misteriosos para serem descobertos e usados para sua glória!

Cultivando Entusiasmo!

Chá De Peônias

Inspirada pela minha crença de que para Deus nada é impossível, projeto a vida com amor e determinação!

Como é maravilhoso ser livre para criar!
Não posso explicar tal sentimento.
Totalmente imersa em meus sonhos
Vejo uma luz me guiando
O que vejo é realmente o meu sonho?
Ou apenas uma flor que estava esperando, pacientemente,
para desabrochar e brilhar?
Depois de um longo inverno, finalmente floresce!

Campo de Doce Prazer

Se eu tivesse que escolher uma
palavra para descrever o prazer,
seria lavanda.
Uma sofisticada e perfeita
combinação de cor calmante e
aroma suave.

É o lado doce do amor.
Um santuário de serenidade!

Mergulhe neste poderoso presente calmante de Deus!

Vamos todos espalhar esta sensação de alegria, como as abelhas zumbindo
ao beijar a lavanda, para manter o mundo colorido e doce!

Inspirando... Curando... Confortando...

Fico encantada com cor e o aroma
desta beleza extravagante!
Inspira-me a desfrutar
a simplicidade.
Eu calmamente contemplo a
mensagem de amor da natureza.

Delicie-se!
Sonhe à vontade!
Saboreie a delicadeza!
Abençoe o coração!
Mergulhe em aromas doces!

Óleos essenciais e chá de lavanda
são como canções de ninar,
acalentado sonhos e esperança!

Orvalho

Gotas delicadas

Cristais brilhantes
refletindo luz

São como promessas da natureza
a nos surpreender
com sua infinita beleza

Lembretes da
bondade de Deus

O que poderia tocar suavemente o seu coração hoje?
A brisa suave do movimento incessante das asas de um beija-flor?
Um beijo de uma joaninha?
Ou simplesmente a certeza do amor de Deus?

GERÂNIOS ALEGRES

VIVO A ADMIRAR CADA FLOR
DESPERTANDO PARA ALEGRAR
MEU DIA. PARA FAZER PARTE
DESSA MILAGROSA BELEZA, EU AS
ETERNIZO NAS MINHAS TELAS
COM CORES VIBRANTES.

OS GERÂNIOS PARECEM TODOS
IGUAIS, MAS HÁ ALGO ESPECIAL
SOBRE CADA UM DELES.
O MOMENTO PERFEITO QUE
FLORESCEM, DIFERENTES CORES
E FORMAS.
ALGUNS FAZEM UMA ESCALADA
PARA ALCANÇAR O CÉU
OUTROS ESPALHAM AMOR.

TODOS ME FAZEM SORRIR!

QUAL DELES É VOCÊ?

Um Terno Sussurro

Que tenhamos um desejo mútuo
de abençoar os corações uns dos
outros, como as rosas que nos
atraem para o jardim e
ternamente acalmam
os nossos corações!

Amor ✦ Paz ✦ Alegria

Presenteie-se com alegria de dar água na boca!

Feira Livre

A vida fica mais leve quando você a preenche com doces prazeres!
Aprecie o que coloca na sua cesta!

♥

Ah! O prazer mágico de uma feira livre!
Por que é tão atraente?
Pela simplicidade exibida
Frutas frescas
Energia contagiante
Variedades deliciosas em cores intensas
Aproveite para saborear essa atmosfera simples e refrescante!

Bênçãos!

As coisas mais simples podem conter as bênçãos mais surpreendentes!

Nós fomos ao mercado, agora vamos ver o que está dentro da cesta de piquenique!

Convido você a desfrutar deste dia e apenas relaxar. . .

com as abelhas!

A cesta é leve, cheia de sabores deliciosos, um livro e uma manta para deitar na grama.

Tudo o resto, a natureza irá fornecer. Os pássaros estão cantando, as flores estão florescendo.

O que estaria dentro da sua cesta?

Pintar é como um passeio emocionante descendo a colina em uma bicicleta! Meu cabelo dança no ritmo do vento, minha pele sente uma carícia gentil, minha alma se refresca! Meus pincéis dançam no ritmo do meu coração, eu brinco com cores que gritam para expressar minha alegria extravagante!

Meu Copo Transborda!

O que transborda do meu copo?

Mais do que o suficiente para as minhas necessidades.

O que eu preciso?

Eu tenho Deus, de quem eu preciso!

Muitas vezes, procuramos encontrar uma porta aberta, novas bênçãos, sabedoria, discernimento espiritual, amor, liberdade, concentrando nossa atenção no que está atrás da porta, mas apenas uma chave pode abrir todas as portas. Quando você encontrar esta chave, você será guiado para a porta certa. Somente Deus pode escolher as portas, que abertas, trarão bênçãos para a sua vida!

Procure o Dono de todas as portas. Ele é a chave!

Eu Te Amo Pai!

Eu toco a superfície áspera daquelas pedras que fazem minha imaginação recriar o passado. Quantas vezes meu pai se inclinou contra essas paredes, sonhando com o futuro, a sombra das majestosas oliveiras verdes-prateadas? Um lugar perfeito para descansar, saborear um pão caseiro, queijo e vinho, desfrutando da paisagem das colinas douradas. Uma exibição vibrante! As folhas em forma de coração das videiras espalham o amor do nosso Criador, cobrindo os cachos de uvas luxuriantes. Meu pai viveu cercado pela perfeição do Artista Magnífico! Agora ele está cercado pela luz de Deus. Eu caminho neste muro, permitindo que as memórias restaurem meu coração cheio de gratidão e amor.

Memórias Vívidas

A família Oliveira

Esta é uma pintura da aldeia onde
meu pai nasceu, em Portugal.
Este muro de pedra foi construído
pelo meu avô e meu pai.
As oliveiras e vinhas também
foram presentes deixados
para as novas gerações.
A oliveira é um símbolo de paz,
amizade, vitória,
prosperidade e beleza que
cresce onde nada mais crescerá.

Entusiasmo Em Abundância!

Sou leal ao meu coração e aos dons que me foram dados, por isso deixo-os fluir naturalmente.

Eu caminho nos campos da inspiração.

Abraço a espontaneidade com paixão.

Eu experimento a liberdade de ser um instrumento que só pode seguir as diretrizes escritas no coração.

Seja quem você foi criado para ser!

Seus dons são um presente para o mundo!

Seja entusiasmado... Seja criativo... Seja natural!

Memórias... Sempre Encantadoras!

Viajando para lugares cheios de charme, coleciono momentos inesquecíveis e inspiradores!
Com euforia descontrolada, eu quero capturar paisagens espetaculares, mantendo vivas as lembranças nas minhas telas. O mundo real se encaixa no meu mundo imaginário. Uma história atraente que permanece intacta por muitos anos!
Um espetáculo com charme e beleza!

Restaurando a casa de pedra dos meus avós maternos em Portugal

Restaurando a casa de pedra dos meus avós paternos em Portugal

Varena, Italia

Saint-Paul-de Vence, França

Deixe A Luz Brilhar

Uma bandeja de prata reflete cores
acrescentando brilho
a tudo que exibe.
Recebemos um presente precioso
de Deus em uma bandeja de prata:
Seu amor e generosidade!

O que está refletindo em sua bandeja de prata?

Com generosidade e amor,
podemos fazer uma obra de arte
através dos dons que recebemos!

Acalme Seu Coração

Deixe-o sorrir,

envolva-o com cores

cintilantes e suaves!

Nossos corações ficam mais coloridos quando recebem luz.

O que permitimos entrar em nossos corações pode mudar sua cor.

Por que não escolher apenas cores brilhantes e fazer o coração sorrir?

Deus criou através da natureza uma bela paleta de cores como inspiração

Em verdes pastagens, encontramos paz em Sua presença.

Deus pintou o céu com um arco-íris prometendo seu amor inabalável.

Permita que o Criador de todas as cores possa colorir seu coração e iluminá-lo!

Hora de Brincar!

1 2 3 4 5 6

Escolha o coração que mais lhe atraiu.
Veja o que vai revelar na parte inferior da página.

Eu escrevi alguns pensamentos edificantes para cada coração,
mas eles são todos para você!
Só por diversão!
Espero que traga um sorriso ao seu rosto!
Deus conhece o seu coração e o transforma a Sua semelhança!

1- Coração brilhante e vibrante! Cheio de gratidão e amor. Quem pode resistir?
2- Coração apaixonado! Dançando em harmonia com o Criador!
3- Coração colorido! Espalhando alegria e bondade, colorindo o mundo!
4- Coração adorável e alegre! Um coração que está sempre sorrindo!
5- Alegre, entusiasmado, positivo! Um coração que é uma bênção!
6- A chave do amor se encaixa perfeitamente abrindo as portas das bênçãos!
Coração leal e sábio! ❤ O coração escolhido pela minha mãe.

Quando tudo parece sem sentido, feche os olhos,
você vai encontrar uma fonte infinita de beleza no seu interior
esperando por você!

Presentes são amarrados com fitas formando um lindo laço, mas para ver o presente temos que desfazer o laço.
Você poderá encontrar uma surpresa fascinante!

Deus guia você pouco a pouco
Acalme seu coração
Conecte
Contemple
Pergunte
Ouça
Siga
Receba
Presenteie

Lentamente, aprofundar uma relação de amor e confiança com Deus, irá levá-lo aos Seus desejos para a sua vida que são muito superiores aos seus sonhos mais ousados!

Através da arte de escrever e pintar
quero plantar um campo de amor.
Gostaria de saber quantos campos
mais, ainda posso cultivar.
A arte é um campo vasto pronto
para florescer, você é quem semeia
para realçar o mundo!

Nova vida

Há uma nova vida sendo
descoberta a cada
amanhecer! A natureza
nunca cessa de florescer.
Há mais no jardim secreto
a ser revelado.
Tudo pode ser restaurado
desvendando
um grande potencial.
A natureza não luta contra
o fluxo de seu propósito, não
se distrai, não duvida,
simplesmente brota!
O girassol gira lentamente
com o movimento do sol,
deslumbrado pela sua luz.
É o ritmo da vida que evolui
em perfeita harmonia para
realizar o seu propósito.
Participe desta dança
espetacular!

Sundae de Morango e Uma Linda Vista

Dia quente

Brisa suave

Doce aroma

Ritmo lento

Conforto refrescante

Encontrando paz e alegria

Deus sussurrando serenamente

Olhando para o horizonte

Vejo Seu esplendor

Bondade é como uma massagem ao coração!
Cura, tranquiliza o espírito e renova a esperança!

A Rocha Firme

Amor que leva
você além de suas
expectativas!

A vida pode ser sensacional e doce.
Beije o cupcake!

AMOR, LUZ E PAZ PARA VOCÊ!

PINTAR ACALMA MEU CORAÇÃO E MINHA MENTE. É UMA MANEIRA DE ME CONECTAR A DEUS. QUANDO EU TERMINEI ESTE QUADRO, NOTEI IMEDIATAMENTE ALGO MUITO ESPECIAL NO CANTO ESQUERDO QUE FOI UMA SURPRESA PARA MIM. UMA MENSAGEM MUITO BONITA ATRAVÉS DE ALGUMAS PINCELADAS AO ACASO. EU VEJO UM LEÃO A ESQUERDA, UM ANJO NO MEIO SEGURANDO UMA TOCHA NA MÃO ESQUERDA E ME CARREGANDO COM A DIREITA. MEUS PÉS NÃO TOCAM NO CHÃO.

UMA IMAGEM DEMONSTRANDO O AMOR E PROTEÇÃO DE DEUS.

ELE LEVANTA-ME, ILUMINA O MEU CAMINHO, PROTEGE-ME E O SEU AMOR É FIEL!

CONFIAR PARA VOAR ALTO...

OBSERVANDO AS GAIVOTAS PLANANDO, IMAGINEI COMO SERIA A SENSAÇÃO DE SENTIR ESSA LEVEZA NOS BRAÇOS DE DEUS.
ENTÃO FECHEI MEUS OLHOS E ME TRANSPORTEI NAS ASAS DA ÁGUIA, VOANDO ALÉM DE QUALQUER COISA QUE PUDESSE ESTAR NO CAMINHO ME IMPEDINDO DE ALCANÇAR MEUS SONHOS.
ASSIM, CAMINHO ACREDITANDO E SENDO GUIADA PELA LUZ E AMOR DIVINO!

Crocus - A flor do Açafrão

Que mistérios infinitos você carrega pequena flor?
Muitos presentes escondidos
que nunca podem ser descobertos!

Embelezando como uma explosão de luz

Especiaria preciosa
Sabor celestial
Doce como o mel
Um prazer para as abelhas

Doce perfume
Terapia para a alma
Abençoado de muitas maneiras

Multiplicando bênçãos
através dos tempos

Colorindo a neve...
Anunciando que a primavera está a caminho!

Poder de cura!

Pequena flor você é um beijo de Deus!

Qual delas é a sua flor favorita?
É a flor do açafrão?
A natureza está sempre
ensinando. Como podemos
comparar a beleza, talentos ou
dons? Somos todos únicos
criados por Deus com um
propósito extraordinário.
Às vezes, tudo o que temos a
fazer, é procurar em Seu livro
de amor, qual o nosso
significado, a fim de descobrir
os mistérios que se encontram no
nosso interior querendo explodir
como luz,
para embelezar o mundo!

Oro para que Deus o guie à Sua infinita fonte de possibilidades!

Ternura Extravagante

Pétalas delicadas

Beleza minúscula

Alegria emocionante

Você atraiu meus olhos com sua ternura

Você pintou meu coração com suas cores brilhantes

O amor floresceu através de você

Como pode algo tão pequeno conter tal mistério?

Eu me pergunto...

Estou muito grata a você.

Você acariciou meu espírito

Eu ouço uma mensagem poderosa em seu esplendor

"Eu estou aqui"

Eu toco sua pétala sedosa

Você é leve como uma pena

Você está aqui...

Brotando lentamente

Revelando bênçãos

Sua glória é vista todos os dias

Há muito para ver...

"Acalme o seu coração..."

Você me diz

"Há mais...

Muito mais para ver... "

Presença Divina

Raios de luz branca
mensageiros da harmonia e da paz
Uma fonte azul que cura
formando um espelho de água turquesa
Confetes dourados dançando ao redor
como folhas de outono sendo levadas pelo vento
Gotas brilhantes de orvalho refletindo as cores
do arco-íris sobre a grama verde
Pétalas cor-de-rosa e lilás, dançando como flocos
de neve em ritmo sereno
Uma mistura de cores brilhantes alaranjadas e
âmbar riscando o céu
Ando por um caminho prateado resplandecente
espelhando cores, formando uma pintura abstrata
que muda a cada passo que eu dou

A natureza poética me emociona
Ouço Deus falando através das cores
Me rendo para abraçar esse momento de paz
Vejo um paraíso de amor verdadeiro florescendo!

Cinco Minutos de Amor

Paz de espírito, tranquilidade,
alegria, harmonia e amor se
manifestam através
da caridade e gratidão.

Cinco minutos de pintura-oração
são cartões postais para o mundo!

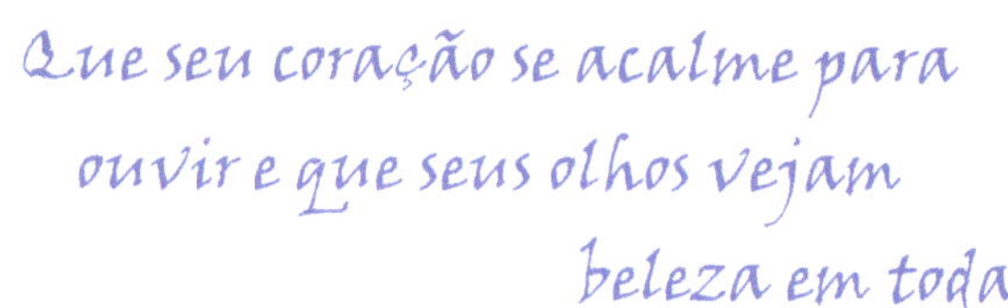

Que seu coração se acalme para
ouvir e que seus olhos vejam
beleza em toda parte!

Que as janelas de novas
aventuras sejam abertas,
levando você a uma jornada
encantadora!

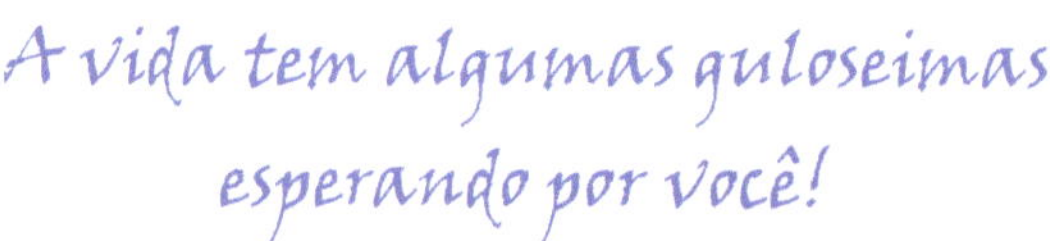

A vida tem algumas guloseimas
esperando por você!

Como Uma Pedra Preciosa

Os beija-flores são como pedrinhas preciosas com suas penas iridescentes. São um deslumbrante esplendor exibindo uma gloriosa variedade de cores.
São tão rápidos que, às vezes, só escuto o som de suas asinhas vibrando ao passar por mim.
Se pudessem carregar um pincel, fariam uma obra de arte!
Como polinizadores eles voam freneticamente,
pintando um jardim real!
Pequenas criaturas carregando dons gigantescos.
Imagino o tamanho de seus corações confirmando
que Deus não pode ser contido!
Com certeza eles fazem Deus sorrir, glorificando
a Si próprio pela Sua obra de arte!
Puro amor e alegria!

Tamanho minúsculo, grande bênção e atitude!
Eles estão equipados para lutar!
Eles não estão dispostos a compartilhar,
de jeito nenhum!
Eles não hesitam em mostrar sua agressão em voz
alta para se defenderem!
O que será que querem dizer?
Felizmente, para mim é adorável!

Os beija-flores foram criados
perfeitos e com
Capacidade de nos encantar ao
exibir voos interessantes.
Eles não conseguem cantar, mas
eles podem emitir um som como
assobio vibrante e exigente.
Eles dançam em perfeita
harmonia com a natureza
cumprindo o propósito único que
Deus lhes confiou.
Você se vê dançando em
harmonia com o propósito de
Deus para sua vida?

Cacto

Néctar para propagar a vida
com cores atrativas
As pétalas se abrem para oferecer seu presente ao mundo, convidando os beija-flores a uma ceia para proliferar sua beleza.

Como é interessante que suas belas flores brotam em torno do dia de Ação de Graças – Thanksgiving – celebrado nos EUA.
Trazem uma mensagem de Deus oferecendo
Seus braços abertos para dar vida!
Deus nos mostra seu coração e Sua presença
através de Sua criação.
Ele nos ensina que também podemos florescer
e propagar a nossa beleza singular, unidos a Ele!

Tenha Fé!

Eu sempre tive o desejo de escrever um livro e sempre gostei de pintar, mas eu nunca poderia imaginar, que um dia Deus iria unir meus dois desejos, para que eu vivesse meu sonho!

Às vezes, não é fácil dar o primeiro passo, mas eu dei, e tem sido incrível! Eu aprendi muito e sei que uma das razões para Deus me dar este livro, foi para que eu o lesse.

Às vezes, esquecemos quem nós somos, e Deus me mostrou quem eu sou aos Seus olhos. Tudo o que eu tive que fazer foi confiar em Deus, e acreditar que para tudo na vida há um propósito traçado com amor.

Apenas deixe-se ser guiado por Deus e voe para longe!

Transforme uma página em branco em seus sonhos mais ousados!

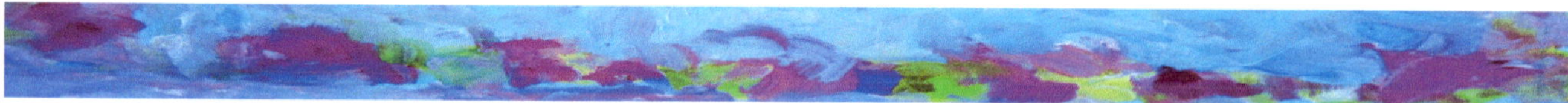

Meu próximo livro,
<u>ENCONTRANDO SUAS CORES</u>
está a caminho! Muitas pinturas novas e reflexões para você! Não perca a linda história sobre a abelhinha e a borboleta!

Minha inspiração vem da Bíblia. Meu coração se deleita na paleta de Deus, através da natureza. Todas as minhas pinturas têm um significado especial. Algumas são memórias que eu quero manter vivas, outras me surpreendem por complementarem tão bem meus pensamentos. São momentos de orações que me orientam e me ensinam sobre mim mesma, usando meus talentos para o propósito de Deus, de maneiras muito além do que eu poderia ter imaginado! Este livro é uma benção de Deus. Espero que seja também para você e que possa lhe inspirar.

Que toda glória seja de Deus que me guia!

Muito Prazer!

Meu nome é Tereza Amaral de Oliveira, Tetê é meu apelido. "Amo" é uma combinação das duas primeiras letras do sobrenome da minha mãe "Am" e a inicial do sobrenome do meu pai "O", formando a palavra "*AmO*".

Seguindo a luz eu vou vivendo meus sonhos!

Meu desejo é colorir o mundo e fazer você sorrir!
Eu me expresso com palavras reconfortantes que dão sentimento às cores exibidas em minhas pinturas, com pinceladas de cores inspiradoras como a magenta, turquesa, e uma paleta infinita de puro prazer!
Tudo que tive que fazer foi dar o primeiro passo para desfrutar de uma viagem emocionante, me conduzindo a um campo de deleite extraordinário!

Inspire-se para viver um sonho charmoso, colorido e poético!

Sempre sorrindo!

Tetê AmO

Você está convidado a me acompanhar nesta aventura colorida, inspiradora, e muito divertida no YouTube, Facebook e Instagram.

Adoraria a sua companhia!

Obrigada!

Tetê AmO

Tetê AmO Art

Tetê AmO Art

tete_amo_art

Pinturas originais de Tetê AmO

Capa - The Way to Freedom - Acrylic on canvas 16x20

3- Pink Surprise! Acrylic on canvas 4x4

4 - Gazing Grace - Acrylic on canvas 6x6

5- Manifestation of Love - Acrylic on canvas 16x20

6 - The Lavender Acrylic on Gessobord 5x7

8 - Harvesting Love Lavender - Oil on Gessobord 8x8

8 - Grapes - Oil on Gessobord 5x7

8 - Grace - Pumpkins - Acrylic on canvas 4x5

9 - Blossoms of Grace - Acrylic on Gessobord 5x7

10 - Dazzling Beauty - Acrylic on Gessobord 10x10

12 - Laugh! - Oil on Gessobord 6x6

13 - A kiss from the Sun - Acrylic on canvas 5x5

14 - Dancing Colors Acrylic on canvas 4x4

16 - Intense Love - Acrylic on canvas 8x10

17 - Rays of Joy - Oil on Gessobord

18 - Shining in the Garden - Acrylic on Gessobord 9x12

20 - Delicacy - Acrylic on Gessobord 6x6

21 - Sharing Gifts Oil on 8x10

23 - Rose Tea Acrylic 6x6

24 - Fields of Sweet Delight - Acrylic on canvas 8x10

25 - Fleurs De Lavande - Acrylic on canvas 16x20

25 - Sweet Dreams Acrylic on canvas 6x6

26 - Gentle Dew - Acrylic on Gessobord 6x6

27 - Joyful Geraniums - Acrylic on Gessobord 6x6

28 - A Blissful Sigh - Acrylic on canvas 4x4

29 - Farmers' Market - Acrylic on canvas12x12

30 - Blessings - Acrylic on Gessobord 5x7

31 - My Cup Overflows - Oil on Gessobord 6x6

32 - I Love You Dad - Oil on Gessobord 6x8

33 - Plenty of Excitement - Acrylic on Gessobord 5x7

34 - St Paul de Vence - Oil on Gessobord 8x10

34 - Maternal Grandparents' house - Acrylic on Gessobord 5x7

34 - Paternal Grandparents' house - Acrylic on Gessobord 5x7

35 - Silver Platter - Acrylic on Gessobord 6x8

43 - The Crocus - Acrylic on Gessobord 8x6

45 Divine Presence Acrylic on canvas 11x14

Pinturas em Acrilico - Papel – de Tetê AmO

1 Extravagant Beauty
2 Meditation
7 The Bee
11 Awakening
15 Dreams
17 A Sip of Enthusiasm
19 Threshold of Glory
22 Be Colorful!
34 Varenna, Italy
34 Window of Adventure
34 Paris
35 A Touch of Love
36 - Sooth Your Heart
37 Bright Heart 1
37 Passionate Heart 2
37 Joyful Heart 4
37 Cheerful Heart font 5
37 Loyal Heart 6
38 Fascinating Surprise!
44 Extravagant Tenderness
46 Love Grace Light Peace Healing Joy
47 Brilliant Gem
48 Cactus
48 Sparkling Light of Love!
49 Fly Away!

www.ingramcontent.com/pod-product-compliance
Lightning Source LLC
LaVergne TN
LVHW070149110826
845147LV00002B/358